SUBVENTION VOLONTAIRE DE GUERRE.

APPEL AUX FRANÇAIS.

PAR M. P. DE L****.

PARIS,

J. G. DENTU, IMPRIMEUR-LIBRAIRE,

Rue du Pont de Lodi, n° 3, près le Pont-Neuf.

1815.

SUBVENTION VOLONTAIRE

DE GUERRE.

—

APPEL AUX FRANÇAIS.

Depuis près de trente ans le Génie du mal bouleverse la France ; le retour de l'usurpateur a mis le comble à ses maux.

C'est en vain que le meilleur, le plus sage des Rois, médite la restauration de son royaume, si les Français (du moins ceux qui sont encore dignes de ce nom) ne le mettent point, par un entier dévouement, dans la possibilité de faire face à ses engagemens envers les puissances étrangères, et ne lui donnent pas les moyens de rendre son gouvernement favorable aux bons et redoutable aux méchans.

Dans la position critique où se trouve la France, un bon plan de finance est la chose impossible.

Jusqu'à ce jour on n'a connu que deux sortes d'impôts, l'impôt direct et l'impôt indirect. Quand ces impôts étaient insuffisans, on recourait à des emprunts, ressource toujours funeste, parce qu'elle ne fait qu'aug-

(4)

menter les charges, et nécessite de nouveaux impôts.

Autrefois, dans les crises de l'Etat, le clergé par ses dons gratuits venait à son secours. Le bien qu'il opérait ne peut-il être imité?

Les impôts directs, indirects et les emprunts sont également insuffisans ; leur augmentation présenterait de grands dangers : il faudra donc recourir à d'autres moyens.

Les biens-fonds, déjà trop chargés en dix-huit cent treize, ne sont pas susceptibles de subir une augmentation d'impôt ; ils ne peuvent qu'avec peine payer celui de 1814, à plus forte raison celui de 1815.

Le système que depuis longues années on semble avoir exclusivement adopté, celui de surcharger les propriétaires et les cultivateurs, amène l'anéantissement de l'agriculture et de l'industrie ; il est le protecteur de l'agiotage, fléau le plus destructeur des ressources de l'Etat.

Si les propriétaires et les cultivateurs sont trop surchargés, ils se trouvent dans la nécessité d'exiger de la terre plus qu'elle ne peut rendre ; successivement elle s'appauvrit, et par suite menace le fisc de l'impossibilité d'en retirer un jour (peut-être trop prochain) l'impôt qui, modérément assis, n'aurait jamais été dans le cas de diminuer.

L'impôt indirect est plus juste dans ses effets. D'une part, il atteint toutes les classes de la société, même celle des possesseurs de porte-feuilles, sorte de gens inattaquables; d'un autre côté, chacun ne dépensant qu'en proportion de ses facultés, ne paye cet impôt qu'au *prorata* de sa dépense; mais il perd la plus forte partie de ses revenus, quand ceux qui pourraient faire quelque dépense sont forcés de se refuser jusqu'au nécessaire; et telle est la position des propriétaires et cultivateurs mal ou trop imposés.

Les emprunts, les augmentations de cautionnemens, qu'on doit assimiler aux emprunts, puisque leurs résultats sont les mêmes, sont des ressources extrêmement dangereuses. Elles entraînent après elles la nécessité de payer des intérêts, et par conséquent celle d'augmenter le budget de l'année qui les suit. En termes vulgaires, c'est faire un trou pour en boucher un autre. D'ailleurs, si vous épuisez toutes les bourses, vous forcez à la plus stricte économie, vous réduisez la dépense à l'indispensable nécessaire, vous diminuez la consommation, vous attaquez directement le commerce et l'industrie, et par-là vous détériorez, vous anéantissez non seulement l'impôt indirect, mais aussi vous ôtez au propriétaire et au cultivateur la possibilité de vendre sa denrée à un prix assez raisonnable pour pouvoir payer son impôt.

Dans une crise aussi forte que celle où nous nous trouvons, nos ressources, les seules qui puissent être employées avec fruit et sans retours amers, ce sont les dons gratuits, les réformes et diminutions d'appointemens sur les salariés du gouvernement, et l'économie la plus absolue dans les recettes des impositions volontaires ou forcées (1).

Si ces gens trop fameux, qui depuis vingt-six ans accablent la France de maux incalculables, ont su se donner des fortunes aussi scandaleuses que collossales, étaient susceptibles de remords, s'ils essayaient d'effacer, ou

---

(1) N'est-il pas scandaleux que ce qui cause la pénurie de tous, augmente la fortune des percepteurs ? A mesure que les évènemens malheureux exigent des contribuables les plus énormes sacrifices, le percepteur voit tiercer, doubler son traitement ; et, de même que Boniface-Chrétien ne peut être heureux qu'à force de trépas, le percepteur n'est heureux qu'en proportion de l'augmentation de misère des contribuables.

du moins d'atténuer une partie de leurs crimes par une restitution de cinq années seulement d'un revenu mal acquis, il serait inutile de chercher ailleurs les sommes promises aux puissances étrangères. Maîtres et propriétaires des revenus de la moitié de la France, ils pourraient facilement, par ce simple abandon, payer annuellement, pendant cinq ans, les 270 millions auxquels nous nous sommes engagés envers les alliés, soit pour dédommagement, soit pour l'entretien des troupes qu'ils laissent en France.

Cette donation de leur part serait d'autant plus juste, que beaucoup de ces enrichis ne sont pas étrangers au désastreux retour de Buonaparte, seule cause de nos malheurs et de notre pénurie.

Mais ne comptons pas sur de pareils hommes ; les remords n'entreront jamais dans leurs cœurs corrompus : ils n'ont été Français que pour trahir la France et la dépouiller : ils ne le seront jamais pour l'aider dans ses malheurs, et la soutenir dans une crise qui est leur ouvrage (1).

____

(1) Depuis le retour du Roi, des citoyens de toutes les classes ont offert des dons. Aucun de ces seigneurs du

C'est donc aux vrais Français, aux amis de leur patrie et de leurs princes légitimes, à ces êtres vertueux qui dans tous les temps ont su faire des sacrifices dictés par l'honneur, le devoir et le vrai patriotisme; c'est aux hommes probes et éclairés qui peuvent sonder la profondeur de nos plaies sans en être effrayés, parce qu'ils ont le désir ardent et sincère de les cicatriser, qu'il faut nous adresser, et ce n'est pas en vain que nous le ferons.

Il s'agit de trouver annuellement, pendant cinq ans, 270 millions.

N'existerait-il donc pas sur toute la surface de la France, quinze cents mille individus animés d'un patriotisme assez vrai, assez dégagé d'égoïsme, pour offrir gratuitement une somme modique pour chacun, et cependant suffisante aux sacrifices exigés de nous par les puissances étrangères? Ah! gardons-nous d'en douter : ce serait un crime impardonnable, ce serait insulter la nation la plus généreuse, et dont la masse est assurément la meilleure.

---

ci-devant empire, possesseurs de cinq, dix, quinze, vingt millions, n'a offert une obole pour venir au secours de l'État, et cependant c'est à ses dépens qu'ils se sont enrichis !

Si donc ces quinze cents mille individus existent, est-il si difficile de former les 270 millions qu'il faut extraordinairement au gouvernement pendant cinq ans.

Cent-quatre-vingt francs payés annuellement par chacun de ces quinze cents mille individus, formeront les 270 millions dont le retour seul de Buonaparte nous a constitués débiteurs envers les puissances étrangères.

L'engagement se ferait par souscription volontaire.

Les 270 millions devant intégralement entrer dans les coffres du trésor royal, la souscription et la perception devront se faire sans frais.

Le mode est extrêmement simple et facile.

Mode de la souscription.

Tous les greffiers des tribunaux, les juges de paix, les maires et les syndics ou chambre de discipline des corps, ouvriraient des registres où chaque donateur viendrait s'inscrire et signer l'engagement de la somme à fournir. Ces engagemens d'honneur seraient envoyés, par ceux qui les auraient reçus, au préfet du département des souscripteurs ; celui-ci les adresserait à Son Excellence le ministre des finances. Le rôle fait, les sommes seraient reçues sans frais par MM. les maires de chaque arrondissement communal, et remis par eux au receveur général du département, qui les transmettrait toujours sans frais au trésor royal.

Mode de paiement.

Les souscripteurs seraient libres de payer soit l'année entière, soit six mois ou trois mois, soit même chaque mois à raison de quinze francs par mois, mais alors toujours le mois d'avance.

Ces dons volontaires seraient également avantageux à l'Etat et à ceux qui le feraient.

A l'Etat, en ce que d'abord il pourrait connaître ceux qui véritablement sont animés de cet amour de leur patrie, de cet attachement pour leur Souverain légitime, sans lesquels il n'est plus de bonheur pour la France ; en ce que, en outre, l'Etat sortirait de la crise dans laquelle il se trouve, sans recourir à ces opérations forcées qui entraînent toujours après elles une foule d'inconvéniens auxquels, en définitif, il est impossible de remédier.

Avantageux au donateur, en ce que, si l'on

était obligé de recourir à un impôt forcé, il serait taxé à une somme infiniment supérieure (1).

Aussi, doit-on être persuadé que tous les dons volontaires ne se borneraient pas à une si modique somme.

Que de 4 à 6 mille francs de revenu, le Français bien intentionné se croie consciencieusement libéré en offrant 180 francs, à la bonne heure ; mais ceux qui possèdent de 10 à 20, de 20 à 40, de 40 à 60 mille francs de rentes, et ainsi de suite, sauront proportionner leurs offres non-seulement à leur fortune, mais à ce que, par tout autre mode, ils devraient justement s'attendre à payer.

----

(1) Tout propriétaire d'un bien rapportant seulement 2,000 fr., quelque charge d'ailleurs qui pèse dessus, serait exposé à payer au moins 200 fr. de subvention, et ainsi en augmentant en proportion du revenu.

D'où vient, dira-t-on, cette différence ? C'est parce que les agioteurs, les gens à porte-feuille, les possesseurs de rentes sur l'État et sur les particuliers, et une foule d'autres personnes plus riches que les propriétaires et cultivateurs, classe pourtant si importante pour le gouvernement, ne sont jamais atteints par les impôts directs, et ne le sont par l'impôt indirect que dans la proportion du propriétaire et du cultivateur, en sorte que ceux-ci supportent tout, et les autres presque rien.

Cette augmentation naturelle des dons volontaires compenserait, et au-delà, ce qu'en supposant qu'on se fût trompé dans son calcul, il pourrait manquer des 1500,000 individus présumés donateurs de 180 francs.

La somme fixée pour les engagemens pris avec les puissances étrangères une fois trouvée, que reste-t-il à percevoir ? les sommes nécessaires aux dépenses annuelles du gouvernement.

Beaucoup de choses sont à rétablir, beaucoup à refaire entièrement.

Pendant deux ans, peut-être sera-t-on obligé de percevoir les impôts tels qu'ils ont été fixés pour 1814 ; mais l'assurance d'un meilleur avenir, la confiance due au plus éclairé et mieux intentionné des Rois, fera supporter facilement ce sacrifice.

Les diminutions faites et à faire sérieusement sur les traitemens des salariés de l'Etat, de quelque classe qu'ils soient, augmenteront encore les ressources du gouvernement (1).

____

(1) Le plus grand malheur de la France, c'est qu'aujourd'hui on ne met de prix à une place que par l'argent qu'elle procure. Il y a trente ans, l'honneur et la considération attachés aux places leur donnait plus de prix

·Enfin, une grande économie dans la recette de ses impositions, produiront des revenus immenses (1).

C'est ainsi que se cicatriseront les plaies de la France. De légers sacrifices, en comparaison de ceux auxquels on devait s'attendre, peuvent dans deux ans nous faire goûter les avant-coureurs d'un bonheur dont nous jouirons pleinement dans cinq ans.

Mes idées sont d'un honnête homme et d'un bon Français ; je ne sais pas si elles me trompent, mais je les ai communiquées à des citoyens probes et instruits de toutes les classes de la société ; je n'ai pas rencontré un seul contradicteur : la plupart au contraire m'ont assuré que leurs dons seraient doubles, triples,

---

que l'argent qu'on en recevait. Il faut le dire franchement, un État est bien près de sa ruine quand il lui faut payer au poids de l'or, même les mauvais services qu'il reçoit des personnes auxquelles il confie des fonctions militaires, administratives et judiciaires.

(1) Autrefois, dans chaque commune rurale, les tailles étaient perçues par un collecteur nommé chaque année, et qui faisait gratuitement sa recette : pourquoi ne suivrait-on pas aujourd'hui le même mode ? il en résulterait un bénéfice de 20 millions pour l'État.

quadruples de la somme de 180 francs que je leur annonçais.

Faut-il s'en étonner? le Français aime généralement à bien faire; il ne faut que lui montrer la route, et on est assuré de la lui voir parcourir.

Serions-nous donc en effet moins attachés à notre patrie que le peuple anglais, que nous aimons tant à citer dans nos débats politiques et législatifs? S'ils eussent éprouvé les mêmes malheurs que ceux qui sont venus fondre sur nos têtes, les Anglais, par les plus prompts, les plus grands sacrifices, ne seraient-ils pas venus au secours de leur gouvernement? Mériterions-nous le reproche sanglant de ne nous appuyer de leur exemple que dans leurs discussions, ou dans des lois bonnes pour eux, et peut-être inapplicables pour nous, et de ne savoir jamais les imiter dans leur esprit public et dans l'amour qu'ils ont pour leur patrie? Loin de nous l'idée qu'un pareil reproche pût être mérité; nous connaissons nos maux, le remède est facile et peu coûteux, il dépend de nous de l'appliquer, et nous l'appliquerons. Nous sommes Français, nous chérissons notre patrie et notre Roi, et un grand peuple nevoudra

pas par sa seule faute, son défaut de courage
et de dévouement dans l'adversité, perpétuer
des souffrances et des embarras, qui, s'il le
veut, ne seront que passagers.

FIN.